Auf ins Abenteuer!

Prof. Dr. Dietrich Grönemeyer

Der kleine Medicus

Die geheimnisvolle Villa

mit Illustrationen von
Sabine Rothmund

TESSLOFF

1. Auflage 2021
© 2021 TESSLOFF VERLAG
Burgschmietstraße 2-4, 90419 Nürnberg
Alle Rechte vorbehalten
Idee/Text: Prof. Dr. Dietrich Grönemeyer
unter Mitarbeit von: Dr. Bernd Flessner
Illustrationen: Sabine Rothmund
Grafische Gestaltung, Layout: Marie Gerstner
Lektorat: Anja Starigk

www.tessloff.com

ISBN: 978-3-7886-4411-6

Inhalt

Ein Schulunfall mit Folgen

„Schneller! Wir sind spät dran!", rief Nano.

„Ich komme ja schon!", sagte Marie. „Hoffentlich schaffen wir es noch. Meine Deutschlehrerin ist doch immer so streng."

„Komm, wir nehmen die Abkürzung durch den Park!"

„Aber der Park ist jetzt doch noch geschlossen", entgegnete sie.

„Na und?"

Nano mochte seine kleine Schwester. Manchmal war es ihm aber auch unangenehm, mit ihr zusammen gesehen zu werden. Sie war nämlich gerade erst in die dritte Klasse gekommen. Nano und Marie waren nicht alleine unterwegs, denn Kannickel umrundete sie, lief ein Stück voraus und machte ab und zu Sprünge wie ein Feldhase.

„Du kannst nicht mitkommen! Los! Zurück nach Hause!", rief Marie.

Kannickel war der Hund der Familie Sonntag und verdankte seinen Namen ebendiesen komischen Sprüngen, über die Nano und Marie so gerne lachten.

Vor allem über den Buckel, den die Hündin dabei machte. Und dann waren da noch die Schlappohren, die dafür sorgten, dass man den Hund aus einiger Entfernung tatsächlich für ein Kaninchen halten konnte.

„Jetzt geh schon nach Hause, Kannickel!", rief Nano und kletterte über das kleine Türchen des Stadtparks. Kaum hatte er wieder festen Boden unter den Füßen, half er seiner Schwester.

Nano hieß eigentlich Florian Sonntag und war zwölf Jahre alt. Seinen Spitznamen hatte seine Oma Rosi erfunden, die aus Italien stammte. Da Nano kleiner war als andere Jungen in seinem Alter, hatte ihn seine Oma irgendwann Nanolino genannt. Das war Italienisch und bedeutete auf Deutsch Zwerglein. Und aus Nanolino war schließlich Nano geworden, also Zwerg. Marie hingegen hieß tatsächlich Marie.

Zur Familie Sonntag gehörten außerdem Marlene, Nanos und Maries Mutter, sowie Opa Erwin. Der war allerdings meistens schlecht gelaunt und schimpfte oft auf alles und jeden. Ein echter Griesgram.

Und Kannickel mochte er auch nicht. Das wäre vielleicht noch erträglich gewesen, wenn er nicht auch noch im Haus der Sonntags am Schillerhain gewohnt hätte. Nanos und Maries Vater lebte nicht mehr. Er war vor ein paar Jahren bei einem Unfall ums Leben gekommen. Marlene Sonntag war also Witwe.

Oma Rosi besaß ihr eigenes Haus und war nie schlecht gelaunt. In ihrem großen Garten wuchsen unzählige Kräuter und Heilpflanzen. Von Naturheilkunde verstand sie eine ganze Menge. Das interessierte Nano sehr, denn er wollte unbedingt Arzt werden. Das war sein Traumberuf. Und das nicht nur, weil er diesen schlimmen Traum gehabt hatte. Nano hatte nämlich geträumt, dass Kannickel krank sei. Schwer krank. Schweißgebadet war er aufgewacht und hatte plötzlich eine geniale Idee. Er wollte heilen lernen, er wollte den

Menschen, den Tieren, einfach allen helfen, gesund zu werden. Oder besser noch, er wollte allen helfen, gesund zu bleiben.

„Schneller, Marie! Die Glocke läutet schon!", rief Nano.

„Ich kann nicht schneller!", hörte er seine Schwester neben sich.

Die Glocke war die Schulglocke. Der Unterricht begann! Nano und Marie rannten über den Pausenhof und schafften es tatsächlich gerade noch, vor ihren Lehrern im Klassenzimmer zu sein.

„Und das alles wegen Mathe", keuchte Nano und zog das Heft aus seiner Tasche.

Eine Mathestunde dauerte viel länger als jede andere Schulstunde. Jedenfalls fühlte es sich so an. Die Zeiger der Uhr über der Tür bewegten sich langsamer, der Lehrer sprach langsamer. Am liebsten hätte Nano die Zeiger ein bisschen angeschubst und die Uhr vorgestellt. Aber das ging ja nicht. Er musste also ausharren, bis die Stunde endlich vorbei war.

Dann stand Deutsch auf dem Stundenplan.

Nach der ersten Pause ging Nano zur Rundturnhalle, die so hieß, weil sie so rund war wie der Mond.

Sogar die beiden Tribünen waren an den runden Bau angepasst. Warum sich der Architekt für diese

ungewöhnliche Form entschieden hatte, wusste
Nano nicht. Dafür aber wusste er, dass jetzt die beste
Schulstunde des Tages kommen würde: Sport.
Sein absolutes Lieblingsfach. Das lag vor allem an
Mister Schlau. Er war nicht nur Nanos Sportlehrer,
sondern auch sein Klassenlehrer. Seinen Spitznamen
verdankte er seinem unheimlich guten Gedächtnis und
den vielen Sprachen, die er beherrschte. Natürlich war
er auch ein guter Sportler. Sogar an den Olympischen
Spielen hatte er schon mal teilgenommen, aber das war
schon eine Weile her. Jetzt war er Sportlehrer und setzte
sich auch außerhalb der Schule für seine Schüler ein.
„Was machen wir wohl heute?", fragte Frido, Nanos
bester Freund, nachdem sie sich umgezogen hatten.
„Ich glaube, Mister Schlau fischt gerade die Taue von
der Decke", antwortete Nano.
„Nicht schon wieder!", meckerte Frido, der es
hasste, eines von den dicken Tauen bis zur Decke
hinaufzuklettern.
Nano hingegen machte genau das Spaß. Wie ein kleiner
Affe kletterte er flink hinauf und sah lachend von
oben auf seine Mitschüler herab. Nano war ein echtes
Sportass. Vor allem Fußball und Skateboardfahren
waren sein Ding.

„He! Nano! Was machst du da oben?", rief sein Sportlehrer. „Die schöne Aussicht genießen? Komm runter. Die anderen wollen auch noch."

„Wollen?", wiederholte Frido leise. „Ich bestimmt nicht."

„Hörst du? Frido will als Nächster", sagte Mister Schlau, als Nano das Tau heruntergerutscht kam.

Frido hatte keine Wahl. So langsam wie möglich näherte er sich dem dicken Tau, packte noch langsamer zu und begann zu klettern. Dabei war auch Frido ein guter Sportler und der beste Torwart des FC Heimaterde, in dem auch Nano spielte.

Aber klettern? Und dann auch noch an einem Tau? Nach oben?

Nein, das war nichts für ihn.

„Du kannst ruhig mehrere Zentimeter auf einmal nehmen", lachte Mister Schlau.

„Ich bin doch schon fast oben", meinte Frido, obwohl er noch keine zwei Meter erklettert hatte. „Mehr geht nicht. Ich komme wieder runter."

Frido kam, und zwar schnell. Sogar sehr schnell.

Er landete mit einem klatschenden Geräusch auf der dicken Matte, ließ sich herunterrollen und wollte gleich wieder aufspringen. Dabei erwischte er leider mit einem Fuß den Mattenrand, rutschte ab und fiel auf den harten Hallenboden.

„Alles klar, Frido?", fragte Mister Schlau.

Frido machte ein schmerzverzerrtes Gesicht und versuchte aufzustehen.

„Au!", rief er und setzte sich. Eine Träne rann seine Wange hinunter, während seine Hände den Knöchel seines rechten Fußes umklammerten.

„Lass mal sehen", sagte der Sportlehrer.

Widerwillig zog Frido seine Hände zurück. Zum Vorschein kam ein dick angeschwollener Knöchel, der schon leicht blau wurde. Als der Lehrer ihn vorsichtig berührte, liefen noch mehr Tränen über Fridos Wangen.

„Au! Das tut höllisch weh!"

„Eispackungen!", rief Nano aufgeregt. „Frido hat sich bestimmt den Fuß verrenkt oder gebrochen. Das sieht man an dem blauen Bluterguss. Wir müssen den Fuß kühlen und hochlegen. Das weiß ich von meiner Oma."

„Wir haben ein Kühlkissen im Kühlschrank", stimmte Mister Schlau zu und schickte einen Schüler los, der auch gleich wieder mit dem Kühlkissen zurück war.

Vorsichtig legte der Lehrer das blaue Kühlkissen
auf den blauen Knöchel, den Nano bereits auf einen
Sandsack gelagert hatte. Diesmal schrie Frido nicht
auf, sondern machte ein fast entspanntes Gesicht.
„Das wird schon wieder", sagte der Lehrer. „Wir bringen
dich zu einem Arzt. Wer kommt mit?"
„Nano!", bat Frido. „Er soll mitkommen."
„Lilly und ich kommen auch mit", sagte Manuel, der
genau wie Lilly auch in Nanos und Fridos Klasse ging.
„Okay, von mir aus", stimmte Mister Schlau zu.
„Aber nur ihr drei. Die anderen gehen zurück ins
Klassenzimmer und warten auf den Vertretungslehrer."
„Wo fahren wir hin?", fragte Lilly.
„Ihr werdet schon sehen", antwortete Mister Schlau.

Nano trifft Dr. X

„Das ist doch nicht das Krankenhaus!", empörte sich Nano, als Mister Schlau unerwartet in eine Einfahrt einbog und auf eine alte Villa zusteuerte.

„Das Krankenhaus ist in der Büchnerstraße. Hier sind wir falsch."

„Ich will gar nicht zum Krankenhaus", entgegnete der Lehrer, „sondern zu Dr. X."

„Dr. X? Klingt wie ein Superheld", lachte Manuel. „Aber die gibt es nur in der Glotze."

„Dr. X gibt es wirklich. Und er ist auch eine Art Superheld", versicherte der Lehrer. „Allerdings nicht so einer wie im Fernsehen oder im Kino."

„Ein Superheld?", wiederholte Nano staunend. „Mit Superkräften?"

„Ja, schon. Aber nicht so, wie du denkst", antwortete der Lehrer und parkte seinen uralten und klapprigen Wagen neben der beeindruckenden Villa.

„Die ist ja alt und neu zugleich", meinte Lilly. „So eine Villa habe ich noch nie gesehen. Seht euch mal die dicke Glaskuppel an. Die passt da gar nicht hin."

Die Villa war wirklich ein außergewöhnliches Haus.
Mit der modernen Glaskuppel sah sie fast aus wie ein
Raumschiff. Nano, Lilly und Manuel kamen aus dem
Staunen gar nicht heraus. Nur Frido hatte kein Interesse
an der Villa. Er war damit beschäftigt, das Kühlkissen
vorsichtig auf den angeschwollenen Knöchel zu
drücken. Ihm entging nicht nur die Villa, sondern
auch die Frau, die im Park auf und ab ging.
„Wer ist das denn?", fragte Nano.

„Schrill", meinte Manuel.

Die Frau trug eine auffällige Frisur. Ihre pinken Haare waren zu kleinen Knubbelchen zusammengedreht. Sie trug einen silbernen Anzug und blau-silber glänzende Handschuhe. Ihre hohen Stiefel waren unterschiedlich gestreift.

„Wahrscheinlich auch eine Superheldin", vermutete Lilly.

„Fast", sagte Mister Schlau. „Das ist Micro Minitec, eine Mitarbeiterin von Dr. X."

„Seht ihr, was ich sehe?", flüsterte Lilly und wies mit ihrer Hand auf ein kleines Tier, das der unbekannten Frau nicht von der Seite wich.

„Ja. Einen rosaroten Hasen", antwortete Nano. „Oder ist es ein Eichhörnchen? Nein, es ist ein rosaroter Hase."

„Er folgt ihr wie ein Hund", stellte Manuel fest.

„Sollen wir nicht doch lieber ins

Krankenhaus fahren?", meinte Nano. „Es ist gleich um die Ecke. Nur ein paar Straßen weiter. Dort gibt es gute Ärzte."

„Nein", entschied der Sportlehrer. „Helfen wir Frido in die Villa. Dr. X ist genau der richtige Arzt." Nano und Manuel halfen Frido aus dem Auto und nahmen ihn in die Mitte, während er seine Arme um ihre Schultern legte. So konnten sie ihn am besten stützen.

„Unheimlich", meinte Nano leise, als sie die Villa betraten. Das Wartezimmer sah eher wie eine Bibliothek aus. In hohen Regalen reihte sich Buchrücken an Buchrücken. Viele von ihnen waren aus Leder und wirkten schon sehr alt. In einer Ecke stand ein wuchtiger Schreibtisch, der zu den Büchern passte, denn auch er war ziemlich alt. Hinter dem Schreibtisch saß eine freundliche Frau mit sehr langen Haaren und begrüßte sie mit einem Lächeln. Ein Namensschild wies sie als Schwester Leoberta aus.

„Setzt euch hier auf die Stühle", sagte sie. „Ich hole Dr. Xiang."

„Das klingt chinesisch", meinte Lilly. „Dr. X ist also nur ein Spitzname. Jetzt bin ich aber gespannt." Ein paar Minuten mussten sie noch warten, dann öffnete sich die Tür neben dem Schreibtisch. Nano machte große Augen. Der Mann, der mit kleinen Schritten ins Wartezimmer kam, hatte eine witzige Frisur. Seine grau-weißen Haare bildeten einen Kranz rund um eine mächtige Glatze. Dabei standen die Haare ein bisschen vom Kopf ab wie Balkone.

Der Mann war Dr. X. Eigentlich hieß er ja Dr. Heinz Xiang. Seine Mutter war Amerikanerin, sein Vater Chinese. Da sein Name nicht leicht auszusprechen war, wurde er schon lange Dr. X genannt. Er hatte einen kleinen Kugelbauch und trug einen weißen Arztkittel.

„Hallo zusammen. Na, wo ist der Patient?", fragte Dr. X und sah Nano fragend an.

„Äh, dort", sagte Nano und wies auf Frido.

„Mein Fuß", stöhnte Frido und hob das Bein leicht an. „Er tut höllisch weh."

„Dann sollten wir schnell die Ursache finden", nickte Dr. X. „Gehen wir ins Untersuchungszimmer. Kannst du laufen?"

„Ich helfe ihm", sagte Nano und hatte Frido auch schon im Arm. Schwester Leoberta öffnete ihnen die Tür. Von Nano gestützt, humpelte Frido zu einer weißen Liege, die mitten im Raum stand, und setzte sich.

„Na, dann wollen wir mal sehen", sagte Dr. X und

machte es sich auf einem Rollhocker bequem. „Es kann allerdings ein bisschen wehtun. Ich muss den Fuß nämlich anfassen. Okay?"

„Okay", stimmte Frido ängstlich zu.

„Keine Sorge, so schlimm wird es auch nicht", erklärte der Arzt und besah sich den Fuß von allen Seiten. Der Knöchel war inzwischen noch stärker angeschwollen. Dr. X betastete den gesamten Bereich des Außenknöchels.

„Wo tut es weh? Hier? Oder eher hier?", fragte er.

Zunächst sagte Frido nichts und sah den Arzt nur an. Plötzlich öffnete er den Mund und schrie auf: „Auuuuu!"

Sofort ließ Dr. X los und meinte: „Das sieht mir ganz nach einem Bänderriss aus. Sehen wir uns die Innenseite an."

Frido schloss seinen Mund und öffnete ängstlich seine Augen, während der Arzt nun die Innenseite und den Fußrücken abtastete. Nano stand neben ihm und klopfte ihm sanft auf die Schulter.

„Ist gleich vorbei", hauchte er kaum hörbar.

„Hier hast du also keine Schmerzen?", fragte Dr. X. Frido nickte. Sämtliche Farbe war aus seinem Gesicht verschwunden.

„Gut, dann sollten wir den Fuß jetzt röntgen", entschied

der Arzt und erhob sich von dem Rollhocker. „Kommst
du mit zum Röntgengerät?"

Frido wurde von Nano und Leoberta gestützt. Dr. X
platzierte Frido so, dass nur sein Fuß geröntgt wurde.
„Was passiert in dem Gerät?", fragte Frido.

„Ein Röntgengerät ist eine Art Fotoapparat", erklärte
Dr. X, während er eine Schutzweste anlegte. „Nur wird
der Film nicht mit Lichtstrahlen belichtet, sondern mit
Röntgenstrahlen, die hier oben entstehen."

Dr. X wies mit dem Finger auf das abenteuerliche Gerät,
das von der Decke hing. „Darin befindet sich eine
Elektronenröhre, die Röntgenstrahlen erzeugt.
Anders als Lichtstrahlen können sie Gegenstände
und auch den menschlichen Körper durchdringen.
Anschließend treffen sie auf den Film, der von den
Strahlen belichtet wird – oder wie bei mir auf ein
supermodernes digitales Belichtungssystem, das enorm
Röntgenstrahlen einspart. Die Bilder können dann
sofort im Computer bearbeitet und in die ganze Welt
geschickt werden. Röntgenstrahlen dringen leichter
durch weiches Gewebe als durch deine harten Knochen.
Auf dem Bild sieht man dann die Knochen als weiße
Gebilde, während Muskeln und Gewebe schwarz sind."
„Das tut aber nicht weh?", fragte Frido.

„Nein, keine Sorge", schmunzelte Dr. X. „Es dauert auch nicht lang. Da die Strahlen gefährlich sind, wenn man ihnen zu lange ausgesetzt ist, nimmt man eine sehr kurze Belichtungszeit."

„Wie lange ...?", wollte Frido wissen.

„Schon fertig", grinste Dr. X. „Das Bild wird jetzt automatisch erstellt. Auch das geht sehr schnell."

Kaum war die Röntgenaufnahme fertig, erschien sie auf einem großen Monitor. Nicht nur Dr. X betrachtete sie gebannt, sondern alle Augen im Raum versuchten, das Bild zu deuten.

„Du hast Glück gehabt", sagte der Arzt. „Das Röntgenbild ist unauffällig."

„Unauffällig?", wiederholte Nano. „Ich finde es sogar sehr auffällig. So habe ich Fridos Fuß noch nie gesehen."

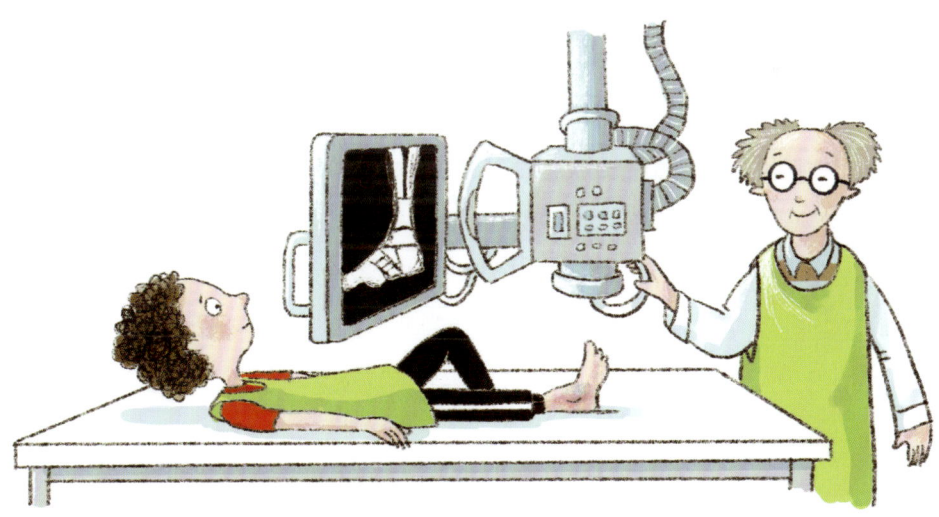

„Haha!", lachte Dr. X. „Wenn wir Ärzte unauffällig sagen, meinen wir, dass alles ganz normal aussieht. Fridos Fuß ist also ganz normal. Unauffällig eben. Es ist kein Knochenbruch zu sehen. Und auch keine Knochenabsprengungen, an denen Bänder von Gelenken befestigt sein könnten."

„Ach so", nickte Nano.

„Wenn es kein Bruch ist, was ist es dann?", fragte Frido.

„Ich tippe auf einen Bänderriss oder einen Anriss an der Gelenkkapsel", meinte Dr. X. „Das ist bei Sportlern nicht selten. Aber ich bin mir nicht ganz sicher. Wenn die betroffene Stelle so schmerzhaft und so stark angeschwollen ist, lässt sie sich kaum untersuchen. Wir müssen aber ausschließen, dass Blut ins Gelenk eingedrungen ist oder Knorpelgewebe zerstört wurde. Machen wir also eine Kernspintomografie. Damit können wir uns deine Weichteilgewebe genau ansehen: Gelenkknorpel, Muskulatur, Sehnen, Bänder, Gefäße …"

„Noch ein Foto von seinem Fuß?", wunderte sich Nano.

„Ja", antwortete Dr. X. „Ich muss wissen, ob die Bänder und die Gelenkkapseln in Ordnung sind und ob eine Blutung im Gelenk vorliegt. Nur so kann ich entscheiden, ob der Fuß operiert werden muss."

„Moment. Ich habe erst noch eine Frage zum Röntgen.

Ist die Strahlung nicht gefährlich?", fragte Nano.

„Ja, du hast recht", nickte Dr. X. „Die Strahlung von Röntgengeräten ist nicht ungefährlich, vor allem wenn man ihr regelmäßig ausgesetzt ist. Wir Radiologen sind also besonders gefährdet."

„Radiologen?", grinste Manuel. „Das sind doch die Leute, die beim Radio arbeiten."

„Nein, Radiologen sind Ärzte, die mit Strahlen arbeiten", erklärte Dr. X, während Lilly über Manuel lachen musste. „Aber du liegst nicht völlig falsch. Beide Wörter, Radio und Radiologe, gehen auf das lateinische Wort ‚radius' zurück, das Strahl bedeutet."

„Verstehe", sagte Manuel und sah Lilly an.

„Die Strahlen aus manchen Geräten schädigen die menschlichen Zellen oder können sie sogar zerstören", fuhr Dr. X fort. „Vor allem Zellen, die sich schnell teilen, sind empfindlich gegenüber Strahlen. Also wenn man wächst wie ihr, denn dann teilen sich die Zellen ständig. Blutzellen sind besonders gefährdet. Aber auch Augen, Haarwurzeln oder Eizellen und Samenzellen. Wir achten aber sehr genau darauf, die Strahlen so selten wie möglich einzusetzen. Und bei Babys, Kindern, Jugendlichen und Schwangeren passen wir noch einmal besonders auf."

Ein Fuß schwebt im Raum

„Gehen wir in den Kernspinraum", sagte Dr. X. „Stützt ihr wieder unseren Patienten?"

„Klar", antwortete Nano. „Hast du Angst, Frido?"

„Nein", antwortete sein Freund. „Es wird so ähnlich sein wie das Röntgen."

„Nur ohne gefährliche Strahlen", erklärte Dr. X. „Denn ein Kernspintomograf arbeitet mit starken Magnetfeldern. Mit ihnen wird der menschliche Körper in Scheiben geschnitten und ..."

„Was?", empörte sich Lilly. „Das kommt gar nicht in die Tüte! Frido wird nicht in Scheiben geschnitten! Dann soll er lieber sein Leben lang humpeln. Ich dachte, Sie wollen ihm helfen? Stattdessen wollen Sie ihn in Scheiben schneiden. Frido ist doch keine Salami!"

Manuel und Nano fingen an zu lachen. Lilly sah sie verständnislos an.

„Warum lacht ihr denn da?", fragte sie entsetzt.

„Lilly, unser Frido wird nicht in Stücke geschnitten", erwiderte Nano. „Das passiert nur im Computer. Frido bleibt dabei ganz sicher ganz."

„Stimmt genau", schmunzelte Dr. X. „Die Schnitte sind ja keine Schnitte mit einer Klinge. Es sind zweidimensionale Schnittbilder, ganz ähnlich wie Fotos. Der Körper wird im Kernspintomografen Schicht für Schicht fotografiert. Das geht von oben nach unten, also senkrecht, oder quer durch den Körper, also horizontal, wie jetzt dann bei Frido, da er ja bei der Untersuchung liegt. Diese zweidimensionalen Bilder werden dann vom Rechner übereinandergelegt und so zu einem dreidimensionalen, also einem räumlichen Bild zusammengesetzt. Das kann man dann drehen und von verschiedenen Seiten betrachten oder auch neue Schnitte darin erstellen."

„Man kann also noch besser in den Körper hineinsehen als bei einer Röntgenaufnahme", meinte Nano.

„Wie ein richtiger Superheld", sagte Lilly.

„Blödsinn!", entgegnete Manuel.

„Das stimmt schon ein bisschen", meinte Dr. X. „Nur habe ich keine Superkräfte, sondern moderne Technik."

„Sag ich doch!", freute sich Lilly.

„Sehen wir uns diese Technik mal an", sagte der Arzt und führte sie zu einem Gerät, das wie das Ende einer riesigen Röhre aussah. Es war sogar größer als Mister Schlau. Vor der Riesenröhre befand sich eine Liege.

„Du musst jetzt auf die Liege", fuhr Dr. X fort. „Sie ist beweglich und bringt dich in die Röhre. Deine Freunde helfen dir. Dann musst du nur noch den Kopfhörer aufsetzen."

„Kennen Sie Fridos Musikgeschmack?", fragte Nano.

„Nein, den kenne ich nicht", lachte der Arzt.

„Der Kopfhörer soll vor allem seine Ohren schützen. Aber Musik könnten wir tatsächlich auch einspielen. Und über eine Spezialbrille könnte Frido sogar einen entspannenden Film sehen."

Die Kids waren begeistert.

„Na, was willst du sehen, Frido?", fragte Lilly, immer noch staunend.

„Nein, nein, das klappt jetzt leider nicht", sagte Dr. X. „Dafür ist die Untersuchung zu kurz."

Dann erklärte er das System: „Ein Kernspintomograf arbeitet mit Magnetfeldern, die so stark sind, dass sie Teile der Maschine in Schwingung versetzen. Das ist strahlenfrei, aber so laut wie ein Rockkonzert. So, jetzt müssen wir gehen. Es wird laut."

Sie gingen nach nebenan in einen Kontrollraum, doch selbst hier hörten sie das Brummen des Tomografen.

„Es dauert nicht lange", sagte Dr. X. „Wir wollen uns ja nur den Fuß ansehen. So, das war schon das letzte Bild."

„Können wir zu ihm rein?", fragte Lilly, während sich der Arzt die Schnittbilder ansah.

„Klar, ihr könnt Frido jetzt holen. Am besten nehmt ihr den Rollstuhl da drüben", sagte Dr. X, ohne aufzublicken.

„Gute Idee", meinte Nano und stürmte los.

Lilly nahm Fridos Hände und fragte: „Alles okay? Bist du noch ganz?"

„Alles okay", wiederholte Frido entspannt lächelnd. „Bin noch ganz der Alte."

Er krabbelte mit Leobertas Hilfe von der Liege. Dann setzte er sich in den Rollstuhl und ließ sich von der Krankenschwester in den abgedunkelten Raum nebenan schieben. Seine Freunde folgten den beiden und setzten sich auf die dort bereitstehenden Stühle.

„Was kommt jetzt? Großes Kino?", fragte Manuel.

„Könnte man so sagen", lachte Dr. X und klatschte in die Hände. Wie aus dem Nichts schwebte plötzlich ein riesiger Fuß mitten im Raum.

„Mann!", hauchte Nano staunend.

„Ein nackter Fuß!", raunte Lilly, denn dem schwebenden Fuß fehlte die Haut.

Dr. X drehte sich um und streifte einen sonderbaren, silbern glänzenden Handschuh über seine rechte Hand.

Sobald er sie nun bewegte, bewegte sich auch der Fuß.
Er schien regelrecht in der Luft zu tanzen, sodass
man ihn von allen Seiten betrachten konnte.
„Das ist Fridos Fuß!", stellte Nano fest.
„Zusammengesetzt aus den Schnittbildern!"
„Genau", nickte Dr. X und beendete die Drehung des
Fußes. „Jetzt zeige ich euch ein paar Details."
Mithilfe seines silbernen Handschuhs zog der Arzt
einzelne Scheibenschnitte aus dem Fuß heraus und
erklärte, was auf diese Weise zu sehen war. Sehnen,
einzelne Bänder, das Gelenk, der Knorpel, Gefäße,
Venen, Arterien und zuletzt der Knochen.

„Hier könnt ihr sehen, wie eine Sehne vom Muskel
zum Knochen führt. Die Sehne überträgt die Kraft des
Muskels auf den Knochen und bewegt ihn", erklärte
Dr. X. „Diese Stränge hier sind Bänder. Sie verlaufen
von Knochen zu Knochen und sorgen dafür, dass sich
die Knochen nicht nach Belieben bewegen lassen und
nicht verrutschen. Die Bänder halten die Beweglichkeit
der Knochen in sinnvollen Grenzen."

„Aber was ist jetzt mit meinem Band?", fragte Frido.
Der Arzt zog blitzschnell eines der Schnittbilder aus
dem Fuß heraus.

„Dieses Band hier, das hat einen feinen Riss, der sehr
schmerzhaft ist", antwortete Dr. X. „Dieser Riss macht
dir das Auftreten unmöglich."

Frido sah natürlich sehr genau hin und nickte.

„Das ist es also", sagte er. „Und das heilt wieder?"

„Ja, du hast noch mal Glück gehabt", antwortete der
Arzt. „Gebrochen ist nichts und du hast auch kein Blut
im Gelenk. Du kannst schon bald wieder Sport treiben."

„Super!", jubelte Frido und wäre fast aus dem
Rollstuhl gesprungen, wenn ihn der Schmerz nicht
zurückgehalten hätte. „Auuu! Tut das weh!"

„Immer mit der Ruhe", lächelte der Arzt. „Ein paar
Wochen wirst du dich leider schon gedulden müssen."

„Ach so", sagte Frido enttäuscht.

„Jetzt solltest du das Bein erst einmal zwei Wochen hochlegen und mit kalten Kompressen kühlen", begann Dr. X. „Wenn der Fuß nach einer Woche grün und blau vom Bluterguss wird – wir nennen das Hämatom –, trägst du zur Nacht noch eine Salbe auf, die das Blut verdünnt. Aber wirklich erst dann. Sonst fließt noch mehr Blut da hinein. Dein Bein musst du deshalb hochlegen, weil es unbedingt über Herzhöhe gelagert werden muss, damit das Blut über deine Venen zum Herzen zurückfließen kann. Außerdem bekommst du noch einen Stützverband. Alles klar?"

„Alles klar!", nickte Frido.

Lilly hielt es nicht auf ihrem Platz aus. Sie stand auf, umrundete einmal den schwebenden Fuß und griff vorsichtig mit der Hand hinein.

„Auu!", rief Frido.

Sofort zog Lilly ihre Hand wieder zurück.

„War nur Spaß", grinste Frido.

Lilly warf ihm einen finsteren Blick zu und fasste erneut in den nackten Riesenfuß. Statt in der Luft sah man jetzt Teile des Fußes auf ihrer Hand.

„Eine Holografie", sagte Manuel leise. „So etwas habe ich neulich erst im Museum gesehen. Das ist eine Art dreidimensionales Foto. Ein Foto, bei dem man um die Ecke gucken kann. Dieses Verfahren hat ein ungarischer Ingenieur erfunden. Wenn ich mich richtig erinnere, hieß er Dennis Gábor. Er hat sogar den Nobelpreis dafür bekommen. Vor ungefähr fünfzig Jahren."

„He, du kennst dich ja gut aus", freute sich Dr. X.

„Wir nutzen so eine Holografie, um die Schnittbilder aus dem Kernspintomografen besser betrachten zu können. Der Spezialhandschuh, den ich trage, ist ein Datenhandschuh, der die Bewegungen meiner Hand auf die Holografie überträgt."

„So etwas habe ich noch nie gesehen", staunte Nano.

„Das hat auch noch nicht jeder", lachte Dr. X. „Wenn ich es genau bedenke, bin ich wahrscheinlich der Einzige."

„Das ist wirklich beeindruckend", stimmte auch Mister Schlau zu, der zwischendurch den Raum verlassen hatte. „Ich habe gerade mit deinen Eltern telefoniert, Frido. Sie wollten herkommen. Aber ich habe ihnen gesagt, dass du in guten Händen bist und ich dich gleich nach Hause fahre."

„Wir sind ja auch fertig hier", erklärte der Arzt.

„Ich gebe dir noch ein paar Schmerztabletten für heute Abend mit und verschreibe dir zwei Gehhilfen. Die wirst du in den nächsten Wochen brauchen. Und bitte bleib

vernünftig, leg den Fuß hoch und kühl das Gelenk.
Ich mache dir noch einen kühlenden, elastischen
Verband mit Arnikasalbe und Heilerde. Wenn du
aufstehst, legst du dir diese moderne Luftkissenschiene
als Stützverband an. Wenn die Schmerzen nicht
weggehen, kann ich dich übrigens auch akupunktieren.
Das ist eine alte chinesische Behandlungsmethode,
bei der man hauchdünne Nadeln in bestimmte
Körperstellen sticht. Das tut überhaupt nicht weh.
Im Gegenteil, es lindert den Schmerz. Und nächste
Woche kommst du zur Kontrolle, ja? Leoberta gibt
dir einen Termin."
Frido nickte. „Und wann kann ich wieder zur Schule?"
„Wenn du alles befolgst und das Band gut heilt, in zwei
Wochen", sagte Dr. X. „In sechs Wochen kannst du mit
der Krankengymnastik beginnen und in drei Monaten
wieder dein Training aufnehmen. Wenn alles gut geht."
„Danke!", sagte Frido und verabschiedete sich.
Als Nano Dr. X die Hand reichte, nahm er seinen
ganzen Mut zusammen und fragte: „Kann ich noch mal
wiederkommen? Ich will nämlich auch Arzt werden."
„Ja, ja, natürlich", antwortete Dr. X. „Jederzeit."

Nano trifft Micro Minitec

Nano ging die Holografie nicht mehr aus dem Kopf.
Er dachte vor dem Einschlafen an sie. Er dachte
nach dem Aufstehen an sie. Und er dachte in der
Schule an sie, vor allem in Mathe. Immer wieder
sah er den nackten Fuß vor sich, aus dem Dr. X ein
Schnittbild nach dem anderen herauszog. Was für
eine sensationelle Technik, um den menschlichen
Körper von innen zu betrachten! Damit konnten Ärzte
natürlich sehr schnell zu einer Diagnose kommen.
Nach drei Tagen hielt Nano es einfach nicht mehr aus.
Dr. X hatte doch gesagt, er könne wiederkommen.
Nano beschloss, die Schule zu schwänzen und zur Villa
zu fahren. Zur Villa Nachtigall. Dass sie diesen Namen
trug, hatte Mister Schlau ihnen gesagt. Nano ging zum
Busbahnhof, der nicht weit vom Schillerhain entfernt
war. Auf seinem Smartphone hatte er schon den
Fahrplan gecheckt. Er musste mit dem Bus der Linie 20
bis nach Spatzenhorst fahren. Das war nicht weit.
Aber von der Bushaltestelle in Spatzenhorst bis zur
Villa, das war weit. Trotzdem stieg er ein.

Nach kurzer Fahrt stand er mitten in Spatzenhorst, einem Dorf am Stadtrand. Es war ein ganz normales Dorf, abgesehen von der Villa Nachtigall. Nano sah auf sein Smartphone. Bis zur Villa waren es gute zwei Kilometer. Ein längerer Fußmarsch. Nano wollte schon starten, als ihm eine Idee durch den Kopf schoss. Wieder nahm er sein Smartphone in die Hand.
Er suchte nach Dr. Heinz Xiang, der eine ganze Reihe von Einträgen besaß.
„Das muss es sein!", freute sich Nano, als der Name Villa Nachtigall auftauchte. Er berührte kurz das Display und hielt das Smartphone ans Ohr.
Statt Dr. X meldete sich eine Computerstimme: „Sie rufen außerhalb unserer Öffnungszeiten an. Wir sind montags ab acht Uhr ..."
„So ein Mist!", maulte Nano. Er wollte schon das Smartphone vom Ohr nehmen, als die Computerstimme mitten im Satz unterbrochen wurde.
„Hallo? Jemand auf Sendung?", fragte eine unbekannte, weibliche Stimme.
„Hier ist Nano. Ich möchte gerne zu Dr. X", antwortete Nano ein bisschen aufgeregt.
„Nano? Kein schlechter Name", meinte die Stimme.
„Aber wir haben heute keine Sprechstunde. Sorry."

„Mir fehlt ja auch nichts", entgegnete Nano.

„Warum rufst du dann an?", fragte die Stimme.

„Ich möchte Dr. X besuchen. Er hat mich eingeladen", antwortete Nano. „Vor drei Tagen."

„Dann gehörst du zu der Schülergang, die neulich die Villa gestürmt hat. Der Junge mit dem Plattfuß", meinte die Frau am Telefon.

„Stimmt genau. Nur bin ich nicht der Junge mit dem verletzten Fuß, sondern ein zukünftiger Arzt", erklärte Nano mit klopfendem Herzen.

„Ein frischer Kollege von Dr. X? Verstehe. Und wo bist du jetzt?", fragte die Unbekannte.

„Ich stehe an der Bushaltestelle von Spatzenhorst", erklärte Nano.

„Okay, bin gleich da", hörte er die Stimme undeutlich.

„Wie bitte?", fragte Nano, aber die Verbindung war unterbrochen. „Jetzt bin ich aber gespannt."

Er ging vor der Bushaltestelle ein paarmal auf und ab und wunderte sich über die dörfliche Stille. Irgendwie war ihm Spatzenhorst ein wenig unheimlich. Kein Mensch war auf der Straße. Aber was war das? War das ein Auto? Er hatte ja schon viele Autos gesehen, aber so eines bestimmt noch nicht. Er konnte seinen Blick nicht von dem Gefährt abwenden. Eigentlich war es gar kein

Auto, sondern etwas anderes. Aber was? Ihm fehlte der
Name dafür. Was da fast lautlos auf ihn zuschwebte,
sah zwar aus wie ein Auto, hatte aber überhaupt keine
Räder. Statt der üblichen Fenster hatte es außerdem
eine Art Cockpithaube, fast wie ein Düsenflugzeug.
Das schwebende Auto hielt weiter auf ihn zu und
stoppte schließlich direkt vor seinen Füßen. Die Haube
öffnete sich und eine junge Frau stieg aus. Es war die
Frau, die er letztes Mal vor der Villa Nachtigall gesehen
hatte. Nano erkannte sie auf den ersten Blick wieder.
Das war aber auch kein Kunststück, so schrill, wie sie
gekleidet und frisiert war.
„Du bist Nano. Stimmt´s?", begrüßte sie ihn.
„Ja, ich bin Nano", antwortete er. „Eigentlich Nanolino.
Das heißt, eigentlich Florian Sonntag."
„Wie auch immer du nun eigentlich heißt, steig erst mal
ein", sagte die Frau. „Ich bin Micro Minitec. Du kannst
mich ruhig duzen."
Nano setzte sich auf den Sitz neben der Fahrerin.
Das Auto hatte auch nur zwei Sitze. Es schaukelte
ganz leicht. Da schloss sich die Haube mit einem
leisen Surren. Nano machte große Augen. Das

Armaturenbrett bestand nur aus einem
Display. Kippschalter oder drehbare Regler

gab es nicht. Die allermeisten
Anzeigen waren ihm nicht
bekannt. Das Auto kam ihm
vor wie ein Auto aus einem
Science-Fiction-Film.
„Nicht schlecht, das
Gefährt, oder?", lachte sie.
„Ist meine Erfindung.
Alles höchstpersönlich und

auch noch selbst entworfen. Die Teile habe ich zwar
von verschiedenen Firmen anfertigen lassen. Klar.
Aber die Idee ist von mir."

„Ein schwebendes E-Auto?", fragte Nano staunend.

„Na klar. Oder glaubst du, ich will so einen Oldtimer
mit Stinkemotor fahren? So eine Kiste aus dem letzten
Jahrhundert? Bestimmt nicht!", sagte sie. „Wir haben
übrigens auch einen schwebenden Krankenwagen.
Aber dies hier ist unser bestes Gefährt. Es kann nicht
nur mit Strom aus der Steckdose aufgeladen werden,
sondern auch mit Solarzellen, die als dünner Film die
gesamte Karosserie überziehen. Und zusätzlich auch
mit Energie, die aus der Luft gewonnen wird. Die Luft
wird über die Folie aufgenommen und direkt in Strom
umgewandelt. Praktisch, findest du nicht?"

„Das kann man wohl sagen", antwortete Nano. Er war völlig entzückt und konnte immer noch nicht so recht glauben, was er da gerade sah. „Das ist ja ein richtiges SEL-Modell! Ein schwebendes Auto mit Sonnen-Elektro-Luft-Antrieb, wow! Das habe ich mir nicht mal in meinen kühnsten Träumen vorstellen können. Und da darf ich jetzt mitfahren? Ist das dein Ernst?"

„Klar, ich muss nur noch den Zielort eingeben und schon schwebt es von selbst dorthin", erklärte die Erfinderin weiter. „Wenn zwischendurch Hindernisse erscheinen, schwebt es einfach ganz von selbst darüber hinweg."

„Wahnsinn!" Nano konnte das alles kaum fassen. „Du kannst den Akku also während der Fahrt mit Sonne und Luft laden. Und daher zischt und schimmert das Auto so komisch."

„Nicht schlecht, Kleiner", lächelte die Frau.

„Ich heiße Nano, nicht Kleiner", wehrte sich Nano, der diesen Spottnamen nicht mehr hören konnte. „Ich bin kleiner als andere in meinem Alter, aber das ist noch lange kein Grund, mich Kleiner zu nennen."

„Sorry, war nicht böse gemeint", entschuldigte sich Micro Minitec. „Aber du bist eben nicht gerade ein Riese."

„Ich bin etwas kleiner als andere, das ist alles. Daher werde ich ja Nano genannt", sagte er. „Das heißt ..."

„Ich weiß, was es heißt", unterbrach sie ihn. „Nano heißt Zwerg. Das Wort kommt auch in Nanotechnologie vor. Da geht es um winzige Dinge im Nanometerbereich. Ein Nanometer ist ein Milliardstel Meter. Du müsstest einen Meter in eine Milliarde Stücke zerschneiden, um einen Nanometer zu erhalten."

„Das ist ja winziger als winzig!", staunte Nano.

„Das ist sogar noch viel winziger", lachte sie.

„Du sagtest etwas von Nanotechnologie. Gibt es wirklich eine so winzige Technologie? Ich meine, gibt es Maschinen, die so winzig sind, dass man sie kaum oder gar nicht sehen kann?", fragte er.

„Ja, die gibt es", antwortete sie. „Es gibt sowieso mehr kleine Dinge, als du ahnst. Damit kenne ich mich aus. Glaub mir. So, wir sind da."

Das schwebende Elektroauto bog in die ihm bekannte Einfahrt ein. Der Park mit den vielen alten Bäumen und der kleine See neben der Villa fielen Nano erst jetzt auf. Bei seinem ersten Besuch hatte er sich ganz auf die Villa konzentriert. Die Villa Nachtigall wirkte noch immer ein bisschen unheimlich auf ihn, vor allem die Glaskuppel. Auch über ihm befand sich eine Glaskuppel,

allerdings aus Plexiglas, die
sich jetzt surrend öffnete.
„Komm mit", sagte Micro
Minitec und ging zur
Villa. Die Eingangstür
öffnete sich automatisch.
„Gesichtserkennung. Der
Computer hat mein Bild
gespeichert und vergleicht es
mit dem Bild, das die kleine
Kamera dort gerade von mir

macht. Man könnte auch sagen, die Tür kennt mich."
„Bei euch ist ja alles technisch absolut modern", stellte
Nano fest und folgte ihr staunend in die Villa.
Die Bibliothek, die als Empfang und als Wartezimmer
diente, war menschenleer, der große Schreibtisch
verwaist.
„Heute ist keine Sprechstunde", erklärte die junge Frau.
„Vorsicht! Pass auf!"
Fast wäre Nano auf den rosaroten Hasen getreten.
„Das ist Rappel", sagte Micro Minitec. „Er war mal ein
Versuchskaninchen. Na ja, ein Versuchshase. Ich habe
ihn aus einem finsteren Labor für Tierversuche gerettet.
Seitdem gehört er zu mir."

„Warum heißt er Rappel?", fragte Nano.

„Weil er ab und zu mal einen Rappel bekommt. Er dreht durch, verstehst du?", antwortete sie. „Er rennt im Kreis, schlägt Purzelbäume, hüpft wie ein Gummiball. Was weiß ich, was die dort alles mit ihm gemacht haben."

Nano bückte sich, streichelte den Hasen und nahm ihn auf den Arm, wo er sofort anfing, an seinem Daumen zu knabbern.

„Noch etwas", sagte die junge Frau und drehte sich zu ihm um. „Das Auto und die Tür, die Gesichter erkennt, sind nicht alles. Dieses Haus steckt randvoll mit neuester Technik."

„Die Holografie", grinste Nano.

„Genau. So, und jetzt suchen wir Dr. X", lächelte Micro Minitec. „Das heißt, wir lassen ihn suchen."

Micro Minitec schrumpft alles

Sie ging zu einem großen Monitor, der neben dem Schreibtisch an der Wand hing. Sofort wurde der Monitor hell und zeigte eines der Labore der Villa.

„Dr. X, wo sind Sie? Besuch für Sie", sprach Micro Minitec.

Plötzlich zeigte der Monitor ein anderes Labor, in dem Dr. X an einem Tisch saß, mehrere Bücher vor sich liegen hatte und einen Kaffee trank.

„Ja, wer ist denn da?", fragte er und blickte von seinen Büchern auf.

Micro Minitec zog Nano vor den Monitor.

„Ah, der neugierige Junge von neulich", lächelte der Arzt. „Der Junge, der später auch Arzt werden will."

„Nano. Aber eigentlich heiße ich Florian Sonntag", stellte sich Nano vor.

„Nano. Der Name ist mir neulich schon aufgefallen", nickte Dr. X. „Du bist klein für dein Alter. Da hat dir irgendjemand diesen Spitznamen gegeben. Jemand, der Griechisch oder Italienisch spricht. Stimmt´s?"

Nano staunte. Er kannte nur einen Mann, der auch so

schnelle und treffende Schlüsse ziehen konnte,
und das war der Detektiv Sherlock Holmes.

„Meine Oma war es. Sie stammt aus Italien."

„Ein liebevoller, ein guter Spitzname", sagte Dr. X.

„Klingt auch viel besser als Kleiner. Oder? Diese
Beleidigung hast du bestimmt schon oft gehört."

Nano nickte, während Micro Minitec neben ihm leicht
errötete.

„Aber Nano, das ist ein toller Name", fuhr der Arzt
fort. „Und passt so gut zu der Erfindung meiner
Mitarbeiterin. Sie ist ein echtes Genie, musst du
wissen."

„Nanotechnologie", sagte Nano.

„Ganz genau", nickte der Arzt. „Leider habe ich im
Moment keine Zeit, aber Frau Minitec wird dir ihre
Erfindung sicher gerne zeigen. Als zukünftiger Arzt ist
das bestimmt sehr spannend für dich. Wir sehen uns
dann später."

„Soll ich ihm wirklich den Turbobeamer zeigen?", fragte
Micro Minitec überrascht.

„Ich denke, das können wir riskieren", antwortete
Dr. X. „Er hat ein wirkliches Interesse und kann ein
Geheimnis für sich behalten."

Die junge Frau warf Nano einen kritischen Blick zu.

„Ja, das kann ich", versprach Nano mit lauter Stimme.
Er wollte diese Maschine unbedingt sehen, was
immer sie konnte. Bestimmt noch mehr als der
Kernspintomograf und die Holografie.
„Na, dann wünsche ich dir viel Spaß", sagte Dr. X.
Kaum war das Gespräch beendet, wurde der Monitor
wieder dunkel.
„Diese Erfindung ist also geheim?", fragte Nano.
„Ganz genau", nickte Micro Minitec. „Dabei ist sie
eigentlich ganz harmlos. Aber sie ist noch nicht ganz
ausgereift. Bis es so weit ist, bleibt sie geheim. Los, folge
mir unauffällig!"
Die junge Frau öffnete die Tür rechts neben dem
Schreibtisch und führte ihn durch lange Flure und
schließlich eine Treppe hinunter in einen Kellerraum.
Vor einer großen Stahltür blieben sie stehen. Micro
Minitec blickte nach oben und die Stahltür öffnete sich.
„Gesichtserkennung", grinste Nano.
„Ah, du hast aufgepasst", sagte die junge Frau. „Wir sind
hier in der sogenannten Schleuse. Der Turbobeamer
steht im nächsten Raum."
Nano hatte die zweite Stahltür bereits entdeckt.
Sie besaß ein großes, rundes Fenster, durch das er
gerne einen Blick geworfen hätte, aber er war zu klein.

„Was ist denn dieser Turbobeamer?", fragte er neugierig und auch ein bisschen aufgeregt. Welche Erfindung verbarg sich schon hinter zwei riesigen, dicken Stahltüren, die es sonst nur in Banken gab.

„Zieh dir das an", sagte Micro Minitec und warf ihm einen Overall zu. „Der müsste dir passen. Ist die kleinste Größe."

„Ist das ein Schutzanzug?", fragte er ein wenig verunsichert.

„Was dachtest du denn? Ein Faschingskostüm?", lachte sie. „Zieh ihn an. Wir dürfen nicht einmal ein winziges Staubkörnchen ins Labor tragen. Los!"

Nano schlüpfte mit pochendem Herzen in den Overall. So hatte er sich das nicht vorgestellt. Bestimmt lauerten auf der anderen Seite der Stahltür gefährliche Strahlen.

„Und weil es besser aussieht, setz diese Brille auf", ordnete Micro Minitec an.

„Dieses komische Ding?", murmelte er, als er die klobige Riesenbrille sah.

„Aufsetzen!", erwiderte sie fordernd. „Über die Kapuze! Und diese Dinger kommen über die Füße. Die Schuhe ausziehen!"

Als sie endlich fertig waren, traten sie vor die zweite Stahltür.

Micro Minitec sagte laut und deutlich in Richtung
der Tür: „Sesam, öffne dich!"

Nano wollte lachen, doch dann begriff er, dass es nicht
der bekannte Zauberspruch war, der die Tür öffnete,
sondern etwas anderes.

„Spracherkennung!", triumphierte er.

„Sehr gut. Du hast ja echt was drauf!", lobte sie
ihn. „Der Rechner vergleicht den Satz mit einem
gespeicherten Satz von mir."

„Und wenn ihn jemand heimlich aufgenommen hat?",
fragte er.

„Das kann er ruhig versuchen", antwortete sie. „Aber
der Computer merkt sofort, dass das nur eine Aufnahme
ist. Denn kein Mensch kann einen Satz genau gleich
wiederholen. Er ist immer ein kleines bisschen anders."

Fast lautlos öffnete sich die Stahltür. Der große Raum
dahinter empfing sie mit einem leichten Luftzug.

„Überdruck", erklärte sie. „So gelangt kein Staub aus
dem Schleusenraum in das Labor."

Das Labor. Es entpuppte sich als großer, weißer Saal,
der fast so groß war wie die Aula in Nanos Schule. So
einen großen Raum hätte er in der Villa nicht erwartet.
Doch das war nicht die Sensation. Die eigentliche
Sensation war der Turbobeamer. Er war wirklich riesig.

Eine gigantische Maschine, die ihn entfernt an einen Hamburger erinnerte. Denn sowohl der obere als auch der untere Teil der Maschine besaß eine abgeflachte, halbkugelartige Form. Eben wie ein Hamburgerbrötchen. Zwischen der Ober- und der Unterseite gab es jedoch keine Füllung, sondern eine Aussparung. Ein leerer Hamburger also. Dieser Zwischenraum war so groß, dass dort ein Erwachsener bequem liegen konnte. Um die beiden knallrot lackierten Brötchenhälften herum gab es jede Menge Kabel und Leitungen aller Art, die Nano nicht das Geringste sagten.

Als er die gewaltige Maschine umrundete, stieß er
auf ein zweites Gerät, das er bislang nicht hatte sehen
können. Es erinnerte an eine Spritze, war jedoch so groß
wie ein Motorrad. Wieder hatte er keine Vorstellung,
welche Funktion dieses Gerät haben könnte. Das
war nur bei der kleinen Leiter klar, die vor dem
Riesenhamburger stand. Die Leiter besaß Räder,
konnte also jederzeit vor- und zurückgerollt werden.
„Darf ich?", fragte Nano.
„Klar", antwortete Micro Minitec.
Nano stieg die Leiter hinauf. Die Innenflächen des
Zwischenraums glänzten sonderbar und waren aus
einem Material, das er nicht kannte. Verschiedene
Markierungen waren zu erkennen. Über ihm schienen
Lampen in die Brötchenhälfte eingebaut zu sein. Aber
genau konnte er das nicht feststellen. Nano drehte sich
um, setzte sich auf die Vorderkante und ließ die Beine
baumeln.
„Ein irres Teil!", sagte er, da ihm nichts anderes einfiel.
Was sollte man schon über eine Erfindung sagen, deren
Zweck man nicht kannte. Vielleicht, so vermutete er,
konnte eine Maschine, die wie ein riesiger Hamburger
aussah, auch tatsächlich Hamburger herstellen?
Vielleicht sehr viele Hamburger in sehr kurzer Zeit?

Vielleicht sogar vegetarische oder vegane nach
geheimen altchinesischen Rezepturen von Dr. X.
Könnte das sein? Aber nein, das passte nicht zu einer
medizinischen Einrichtung wie der Villa Nachtigall.
Es musste eine Maschine sein, die bei der Diagnose
oder der Heilung von Krankheiten half.
„Also. Was kann jetzt dein Turbobeamer?", fragte er
mehr als neugierig.
„Mit dem Turbobeamer kann ich Dinge verkleinern und
später wieder vergrößern", erklärte Micro Minitec nicht
ohne Stolz.
„Unsinn!", lachte Nano. „So etwas gibt es nicht. Du willst
mich auf den Arm nehmen. Also, was kann deine
Maschine wirklich?"
„Dinge verkleinern und vergrößern", wiederholte die
junge Frau mit erkennbarem Ernst.
Nano stockte der Atem. Seine Zweifel waren verflogen.
Sie meinte tatsächlich, was sie sagte. Er brachte kein
Wort mehr heraus.
„Na? Endlich geschnallt? Sieht ganz danach aus",
spottete Micro Minitec. „Soll ich es dir erklären?"
Nano nickte. Noch immer fehlten ihm die Worte.
„Okay, dann lass uns in mein Arbeitszimmer gehen.
Das ist gemütlicher. Und ohne diese Schutzanzüge ist

es auch bequemer. Ich mache uns mal einen Kaffee. Oder möchtest du lieber einen Tee?"

„Am liebsten Ingwertee mit Honig für mich, bitte", antwortete Nano. „Der hält wach und stärkt das Immunsystem, sagt meine Oma. Und die muss es wissen. Sie ist nämlich eine Kräuterfee."

„Aha", schmunzelte Micro Minitec, „da habe ich jetzt auch was von dir gelernt."

Nano folgte der Erfinderin zur Stahltür, hinter der Rappel wartete. Wieder sorgte ein Luftzug dafür, dass keine fremden Stoffe ins Labor gelangen konnten. Sie zogen ihre Overalls aus und verließen die Schleuse. Die erste Tür auf der rechten Seite führte ins Arbeitszimmer. Und ins Chaos. Wieder verschlug es Nano die Sprache, diesmal allerdings aus ganz anderen Gründen. Der Raum war bis unter die Decke mit technischen Geräten vollgestopft. Sie waren schräg und schief und riskant gestapelt, sodass er schon Sorge hatte, die Gerätetürme könnten jederzeit in sich zusammenfallen. Neben einem kleinen Fenster, durch das man in das Labor schauen konnte, stand ein Schreibtisch, auf dem sich aufgeschlagene Bücher und Papiere aller Art stapelten. Nano bestaunte einige ebenfalls riskant gestapelte Türme aus schmutzigen

Kaffeebechern. Dazwischen
lagen angebissene Sandwiches
und allerhand andere Kleckerei.
Auch auf dem Boden lagen
Bücher und Papiere, zwischen
denen Rappel herumhoppelte.
„Wirklich ... irgendwie ...
gemütlich", sagte Nano und
schaute ein bisschen skeptisch.
„Finde ich auch", grinste Micro

Minitec. „Wie gut, dass ich gestern erst
aufgeräumt habe."
„Ja, das sieht man", murmelte Nano ironisch.
„Freut mich", lächelte die Frau und ließ sich auf
den schwarzen Bürostuhl fallen, der merkwürdige
Geräusche machte. „Setz dich."
Nano sah sich um und entdeckte einen kleinen Hocker,
auf dem Bücher lagen. Er legte sie auf den Boden, nahm
Platz und sah sie erwartungsvoll an.
„Wie fange ich am besten an?", begann Micro Minitec.
„Vielleicht so: Obwohl man wusste, dass es Atome
und Moleküle gibt, haben Wissenschaftler lange Zeit
gedacht, dass nur die Chemiker oder die Atomphysiker
etwas mit diesem Wissen anfangen können. Indem sie

neue chemische Verbindungen herstellen oder atomare Kettenreaktionen erzeugen."

Nano verstand wenig von dem, was sie erzählte. Aber er hielt es für das Beste, einfach erst einmal zuzuhören.

„Irgendwann aber kamen Forscher auf die Idee, das Wissen über Atome und Moleküle auf eine andere Art zu nutzen. Einer der ersten war Konrad Zuse", sagte sie.

Nanos Augen begannen zu leuchten.

„Den kenne ich!", rief er. „Der Erfinder des Computers!"

„Schlaues Kerlchen", stellte Micro Minitec fest. „Genau das ist er. Ab 1937 hat er damit begonnen, Computer zu entwickeln. Aber er war nicht nur ein toller Erfinder, sondern hatte auch spannende Ideen für die Zukunft. Er hat 1957 in Berlin eine berühmte Rede gehalten."

„Über Computer!", strahlte Nano.

„Über Nanotechnologie", entgegnete die Frau. „Nur gab es damals den Namen noch gar nicht. Zuse hat vorgeschlagen, Fabriken unter dem Mikroskop so klein zu bauen, dass sie Pflanzensamen gleichen und man sie tatsächlich pflanzen kann. Aus ihnen sollte dann die richtige Fabrik wachsen. Ein künstlicher Samen, wenn du so willst. Die Technik sollte von der Natur lernen."

„Komische Idee", meinte Nano. „Aber eine gute komische Idee. Und was ist aus dieser Idee geworden?"

„Die Nanotechnologie natürlich", lachte Micro Minitec.
„Der Begriff wurde allerdings erst 1974 erfunden. Und
dann hat es immer noch sehr lange gedauert, bis die
Nanotechnologie eine richtige Wissenschaft wurde.
Es war eines meiner Studienfächer an der Universität."
„Du hast Nanomaschinen entwickelt?", staunte er.
„Ja, wir haben an Nanorobotern gearbeitet", erklärte sie.
„Auch Nanobots genannt."
„Winzige Roboter? Wozu sollen die denn gut sein?",
wunderte er sich.
„Man kann sie mit einer Spritze in die Blutbahn
injizieren", antwortete sie. „Dort können sie dann
Viren und Krebszellen bekämpfen oder Ablagerungen
in den Arterien beseitigen. Das nennt man dann
Nanomedizin. Allerdings wird es noch eine Weile
dauern, bis man Nanoroboter hat, die man wirklich
einsetzen kann."
„Okay. Du hast also diese winzigen Roboter
gebaut", sagte er. „Aber was haben die mit deiner
Verkleinerungsmaschine zu tun?"
„Um diese Nanobots im Körper steuern und verfolgen
zu können", erklärte sie, „braucht man sehr gute und
sehr hochauflösende bildgebende Verfahren."
„Die Geräte von Dr. X!"

„Ganz genau", lächelte sie und ging zur Kaffeemaschine. Da sie keinen sauberen Becher fand, nahm sie einfach einen der vielen benutzten, die überall herumstanden.

„Du auch einen?"

„Nein, danke. Lieber Ingwertee."

„Ach ja, den mache ich dir später, okay?", fragte sie.

Nano nickte.

„Wo waren wir stehen geblieben?", fuhr sie fort und stellte den Becher unter die Ausgabe. „Ach genau, bei Dr. X. Er hatte einfach die besten Kernspintomografen beziehungsweise Magnetresonanztomografen. Er hat mir erlaubt, sie für meine Experimente zu nutzen. Erst war ich nur ab und zu bei ihm. Nach meinem Abschluss an der Universität bin ich dann ganz zu ihm gegangen. Wirklich keinen Kaffee?"

Nano schüttelte energisch den Kopf.

„Jetzt weiß ich, wie du zu Dr. X gekommen bist", sagte er. „Aber immer noch nicht, warum du die Verkleinerungsmaschine gebaut hast. Nanoroboter sind ja schon winzig klein."

„Stimmt. Wenn sie erst einmal fertig sind", fuhr sie fort und schlürfte ihren Kaffee. „Doch der Weg dahin ist weit. Du brauchst einen ganzen Maschinenpark, um Nanoroboter zu bauen, die besten

Elektronenmikroskope und die besten Laborgeräte. Der Aufwand ist gigantisch und frisst sehr viel Zeit."

„Jetzt verstehe ich", leuchteten seine Augen. „Du hast nach einem einfacheren und schnelleren Weg gesucht! Nach einer Art Abkürzung."

„Du hast es wirklich drauf, großer Nano", lachte sie und leerte ihren Becher. „Dabei kam mir ein Zufall zu Hilfe. Viele Erfindungen sind übrigens dem Zufall zu verdanken, weißt du? Johann Friedrich Böttger wollte im 17. Jahrhundert wertlose Metalle in Gold verwandeln. Stattdessen hat er das Porzellan erfunden. Der Chemiker Russell Ohl wollte 1940 das Telefon verbessern und testete dafür verschiedene Materialien. Dabei hat er zufällig entdeckt, dass ein bestimmter Silizium-Halbleiter seinen Widerstand verändert, sobald die Sonne scheint. Der erste Schritt zur Silizium-Solarzelle."

„Fotovoltaik! Die Sonnenzellen auf den Hausdächern und auf deinem SEL-Auto! Das war Zufall?"

„Ganz genau! Denn der Zufall gehört zu den besten Erfindern", versicherte sie. „Mir hat er auch geholfen. Ich habe nämlich zufällig bemerkt, dass sehr starke Magnetfelder in Kombination mit den Strahlen eines Festkörperlasers eine leichte Schrumpfung meiner

Versuchsobjekte bewirkten. Ich weiß bis heute noch nicht genau warum."

„Aber du hast angefangen, damit zu experimentieren", vermutete Nano.

„Klar doch! Bin ich Forscherin oder nicht? Ich sage dir, ich habe tagelang und nächtelang getüftelt", erzählte sie und ließ die Kaffeemaschine erneut arbeiten.

„Immer noch keinen?"

„Nein, danke."

„Ach so, ja, der Tee. Wir hatten auch mal eine Ingwerwurzel. Aber ich habe keine Ahnung, wo Dr. X sie versteckt hat." Sie kramte halbherzig in einer der Schubladen und fuhr dabei fort: „Also, ich habe die Stärke des Magnetfelds verändert und andere Laser eingesetzt. Und eines Tages: Peng! Ich hatte es geschafft. Ich konnte einfach Roboter bauen und zu Nanorobotern schrumpfen. Zunächst mit einer kleinen Versuchsmaschine, später mit dem Turbobeamer. Mit ihm kann ich die geschrumpften Objekte dann auch wieder vergrößern."

„Das ... das ist ja eine Weltsensation!", rief Nano.

Das Wort Weltsensation war eines der Lieblingswörter seiner Mutter. Sie benutzte es ständig. Nano mochte es eigentlich gar nicht so gerne. Doch für diese Erfindung war es genau das passende Wort. „Ich wette, damit gewinnst du sämtliche Nobelpreise auf einmal!"

„Schön wär´s", seufzte Micro Minitec. „Ich weiß eben nur noch nicht genau, wie und warum meine Maschine funktioniert. Ich weiß nur, dass sie funktioniert. Daher ist es besser, wir halten die Erfindung geheim. Erst wenn ich alles weiß, kann ich sie öffentlich vorführen."

„Klar. Sag mal, kann der Turbobeamer eigentlich auch Menschen schrumpfen?", fragte er.

„Nein, leider nicht", antwortete sie betrübt. „Es klappt nur bei Pflanzen und Tieren. Frag mich nicht warum. Ich weiß es nicht."

„Schade", sagte er enttäuscht.

„Ja, das wäre fantastisch", stimmte sie zu. „Aber damit sieht es schlecht aus. Dabei beherrsche ich den Turbobeamer mittlerweile sehr gut. Ich habe die Mikrotisierung und die Makrotisierung, also das Verkleinern und Vergrößern, absolut unter Kontrolle. Ich kann jede Größe herbeiführen, wenn ich will: von haushoch bis nanoklein."

Nano schrumpft

Plötzlich öffnete sich die Tür und Dr. X betrat das Büro.
Er warf Micro Minitec einen kurzen Blick zu und reichte
Nano die Hand.

„Na, hat dir meine geniale Mitarbeiterin den
Turbobeamer gezeigt? Eine unglaubliche Maschine.
Sie ist noch nicht ganz ausgereift, aber das schaffen wir
auch noch. Leider habe ich im Moment keine Zeit für
dich, da wir ein Experiment vorbereiten müssen."
Nano sah Dr. X enttäuscht an.

„Keine Sorge, du kannst gerne bleiben, wenn du Lust
und Zeit hast. Ich bin sicher, dass du große Augen
machen wirst, wenn du das Ergebnis siehst", sagte der
Arzt. „Rappel müssen wir allerdings mitnehmen, denn
er nimmt an diesem Experiment höchstpersönlich teil.
Dich bitte ich, die Maschinen und Geräte hier nicht
anzufassen."

„Es dauert nicht lange", lächelte Micro Minitec und
schnappte sich den Hasen. „Wir sind drüben beim
Turbobeamer. Und dann mache ich dir auch deinen
Ingwertee. Versprochen!" Sie zwinkerte Nano mit einem

Auge zu und war weg. Nano war allein. Wenn man von den zahllosen Apparaten, elektronischen Bauteilen, Papieren, Büchern und schmutzigen Kaffeebechern absah. Durch das Fenster konnte er verfolgen, wie Dr. X und Micro Minitec zum Turbobeamer gingen und auf ihm unbekannte Tasten drückten. Dann verließen sie den saalartigen Raum. Bald wurde ihm langweilig. Plötzlich fiel sein Blick auf eine große Schutzbrille. Trugen nicht auch Piloten so eine Brille? Er setzte sie auf und kam sich auch gleich wie ein Pilot vor. Im Bücherregal fand er einen kleinen Spiegel und betrachtete sich. Jetzt fühlte er sich wie ein bedeutender Wissenschaftler. Er setzte die Brille wieder ab, öffnete die Bürotür und stand gleich darauf vor der großen Stahltür.

Ein leises Surren war zu hören. Ohne sie berührt oder etwas getan zu haben, öffnete sie sich. Ganz so, als hätte sie nur auf ihn gewartet. Nach zwei Schritten stand er im Schleusenraum. Ihm kam die spontane Idee, Dr. X und Micro Minitec bei ihrem Experiment zu helfen. Schließlich wollte auch er Arzt und Forscher werden. Also trat er vor die zweite Stahltür, die sich wie die erste ohne sein Zutun öffnete. Daraus schloss er, dass niemand etwas dagegen hatte, dass er den großen

Saal betrat und sich noch einmal den Turbobeamer ansah. Sein Bauchgefühl gab ihm zwar einen anderen Rat, nämlich den, zurück ins Büro zu gehen. Aber seine Neugier war einfach zu groß. Er wollte sich die Maschine noch einmal in Ruhe ansehen. Außerdem waren Dr. X und Micro Minitec ja in der Nähe, auch wenn er sie im Augenblick nicht sehen konnte. An den Schutzanzug und die Brille dachte er in diesem Moment überhaupt nicht mehr. Die kleine Leiter stand bereit. Nano kletterte hinauf und hüpfte in die Aussparung zwischen den beiden Brötchenhälften der Maschine. Ein sonderbar grünes Licht empfing ihn. Außerdem fiel ihm ein Schwenkarm auf, der ihm wohl beim ersten Mal entgangen war. Am Ende des Arms war ein blitzblankes Stahltablett montiert. Über dem Tablett schwebte ein Greifarm. Er rutschte auf dem glatten Untergrund ein kleines Stückchen näher an das Tablett heran und zog es zu sich herüber. Darauf befand sich eine mit Watte ausgepolsterte Schale. Auf der Watte lag eine kleine Kapsel. Oder war es eine Pille? Kurz nahm er sie zwischen seine Finger, legte sie dann aber wieder vorsichtig zurück.

„Wer soll die denn schlucken?", murmelte er leise und griff zu dem anderen, gelben Gegenstand, der auch noch auf dem Tablett lag. Er war flach, oval und lag gut in der Hand. Plötzlich leuchtete er auf und zeigte ihm unbekannte Symbole. Sein Zeigefinger berührte eines davon. Doch nichts passierte. Jedenfalls nichts, das er sehen oder hören konnte. Alles in dem großen Saal blieb, wie es war.

„Kaputt", vermutete er.

Doch er irrte sich. In Micro Minitecs Büro wurden schlagartig die Computermonitore wach, rote und grüne Signallämpchen begannen zu blinken und eine Stimme sagte: „Achtung: Aufwärmphase beginnt!"

Nano war weiterhin von dem ovalen Gerät fasziniert, dessen Funktion sich ihm nicht erschloss. Auch nicht, als plötzlich neue Symbole auftauchten, darunter eines, das wie ein Zwerg aussah.

Vielleicht, so vermutete er, war es eine Art Spiel. Das Symbol mit dem Zwerg gefiel ihm, denn es passte zu ihm, es passte zu seinem Namen. Ohne weiter zu überlegen und an die Warnung von Dr. X zu denken, berührte er es.

Auf dem Display erschienen Zahlen, die er nicht
zu deuten wusste. Sonst passierte nichts.

„Blödes Spiel", zischte er und legte das Gerät zurück.

„Aufwärmphase abgeschlossen! Mikrotisierung
gestartet!", sprach die Computerstimme im Büro,
die er nicht hören konnte.

Plötzlich begann die Unterseite des riesigen
Hamburgerbrötchens zu vibrieren und es wurde
sehr laut. Das Geräusch erinnerte ihn an das des
Kernspintomografen.

„Ich habe den Turbobeamer eingeschaltet!", schoss es
ihm durch den Kopf.

Zuerst wollte er das Riesenbrötchen so schnell wie
möglich verlassen. Aber dann fiel ihm wieder ein, dass
die Maschine keine Menschen schrumpfen konnte. Ihm
konnte also gar nichts passieren. Seine Angst verflog
wieder und er blieb sitzen, um zu sehen, was passierte.
Zunächst blieb es bei dem Geräusch, dann spürte er
ein merkwürdiges Kribbeln in seinem Körper, das er
noch nie in seinem Leben gespürt hatte. Es kitzelte
so sehr, dass er anfing zu lachen. Plötzlich zuckte ein
grünblauer Lichtstrahl aus der oberen Brötchenhälfte
und sauste immer wieder über ihn hinweg. Das kitzelte
zwar nicht, sah aber atemberaubend aus.

Er fühlte sich wie in einem Raumschiff, das im Begriff war, ins All zu starten. Und er war natürlich der Kommandant. Gerade wollte er aufspringen und sich das ovale Gerät holen, das ein guter Kommandant unbedingt haben musste, als er plötzlich ins Bodenlose stürzte. So kam es ihm jedenfalls vor, denn die Wände stürzten wie ein umgekehrter Wasserfall dem Himmel entgegen, die Decke des Saals schoss nach oben und verschwand im Unendlichen. Der ganze Raum floss irgendwie auseinander und von ihm weg. Schlagartig kehrte die Angst zurück. Er wollte aufspringen, aber die Welt um ihn herum floss noch immer auseinander. Ihm wurde ein bisschen übel. Was sollte er bloß machen? Ihm fiel nichts Besseres ein, als die Augen zu schließen. Schon verschwand die Übelkeit.

Nach kurzer Zeit verstummte auch das Geräusch. Es wurde still. Unglaublich still. Nano wartete noch ein paar Sekunden, dann öffnete er langsam die Augen. Wo war er? Jedenfalls nicht mehr in dem Zwischenraum des Turbobeamers. Merkwürdige, riesenhafte Gebilde aus Kunststoff und Stahl umgaben ihn, ohne dass er sagen konnte, was es für Gebilde waren. Er stand auf und sah sich um. Vielleicht hatte er doch nicht geträumt und war mit dem Turbobeamer zu einem anderen Planeten geflogen? Was war passiert? Während er versuchte, sich zu orientieren, wurde er von hinten von einer Riesenklaue gepackt.

„He!", rief er. „Sofort loslassen!"

Aber der feste Griff lockerte sich nicht. Mit rasender Geschwindigkeit wurde Nano in die Höhe geschossen. Er konnte den Boden unter seinen Füßen kaum noch erkennen. Da setzte ihn die Riesenklaue sanft auf einer metallisch glänzenden, spiegelnden Oberfläche ab.

Wo war er? Zunächst sah er nach oben. Dort wurde die Riesenklaue immer kleiner. Es war der Greifarm, den er vorhin gesehen hatte. Und vor ihm stand die Schale, die jetzt groß wie ein Schiff war. Über den Rand quoll Watte. Dann war die spiegelnde Metallfläche, auf der er stand, wohl das Tablett aus Stahl.

Dafür gab es nur eine Erklärung: Er war vom Turbobeamer geschrumpft worden. Obwohl das angeblich gar nicht möglich war. Micro Minitec hatte sich geirrt. Es war doch möglich! Aber wer hatte die Maschine gestartet? Lange brauchte er nicht nachzudenken. Er selbst natürlich! Das ovale Gerät musste eine Art Fernbedienung sein!

Nano und Rappel tauchen ab

„Oh nein!", rief er laut, ohne von jemandem gehört zu werden. Er saß in der Falle. Und er selber hatte sie sich gestellt. Würde er jemals wieder seine richtige Größe zurückbekommen? Oder müsste er sein Leben im Puppenhaus seiner Schwester verbringen?

„Die Pille!", rief er und lief zu der Schale, die jetzt riesig war. Vielleicht verbarg sie etwas, das ihm helfen konnte? Ohne Grund war sie bestimmt nicht dort.

Mühsam kletterte er an der Watte hinauf, die über den Rand hing. So hatte er Watte bisher weder gesehen noch gefühlt. Die einzelnen Fäden fühlten sich an wie feste Seile. Die glänzende Pille war riesengroß. Er umrundete sie und entdeckte eine Art Fenster. Kommt man hier vielleicht hinein? Vorsichtig strich er mit der Hand über eine kaum spürbare Naht. Er hatte Glück. Ein leises Surren ertönte.

Die Fensterscheibe glitt nach oben und gab ein
Cockpit mit zwei Sitzen frei.

„Das sieht ja aus wie ein U-Boot!", rief er begeistert
und stieg ein. Hinter ihm schloss sich die Kapsel
automatisch. Sofort nahm er auf einem der beiden Sitze
Platz. Er war erstaunlich bequem. Sein Blick huschte
über das große Display, das er schon von Micro Minitecs
SEL-Gefährt kannte. Aber es war nur schwarz. Er fand
auch keinen Schalter, um es zu aktivieren. Mutlos
ließ er sich in den Sitz sinken, schloss die Augen und
schlief kurz darauf ein. Die Schrumpfung hatte ihn
vollkommen erschöpft.

Weit entfernt und doch unmittelbar in seiner Nähe
schnappte sich eine Hand die ovale Fernbedienung.

„Da ist sie ja", sagte Micro Minitec überrascht. „Wir
müssen sie wohl beim letzten Mal hier vergessen haben.
Seltsam. Na egal, es geht los. Schicken wir Rappel auf
die Reise."

Dr. X hatte den Hasen bereits in einen Glasbehälter
gesetzt, der einem kleinen Aquarium ähnelte. Diesen
platzierte er im Zwischenraum des Turbobeamers.
Rappel hatte er mit einem Halsband versehen, in
dem sich ein kleiner Sender befand. So konnte der
Hase jederzeit geortet werden.

Dazu diente auch sein rosa Fell, das ihm Micro Minitec extra für die Experimente gefärbt hatte. Dann überprüfte er das kleine Tablett mit der Schale und der Pille.

„Keine Angst, Rappel", sagte Micro Minitec. „Du kennst das ja schon."

Dr. X und Micro Minitec verließen den Saal, passierten den Schleusenraum zwischen den beiden Stahltüren und gingen ins Büro. Dort wurden sie von vielen Signallämpchen und eingeschalteten Monitoren empfangen.

„Hey? Was ist denn das?", wunderte sich Micro Minitec. „Die Computer laufen ja alle. Wie ist das denn möglich? Die Aufwärmphase ist auch schon abgeschlossen. Wir können sofort starten."

„Das muss unser junger Gast gewesen sein", vermutete Dr. X. „Er war einfach zu neugierig, hat irgendwie das Programm gestartet und sich dann schnell verdrückt. Wie Jungen in seinem Alter nun mal sind."

„Merkwürdig", sagte sie. „Ich habe ihn ein bisschen anders eingeschätzt. Neugierig schon, aber so?"

„Schrumpfen wir erst einmal den Hasen", entschied Dr. X und nahm sich die ovale Fernbedienung. „Sonst läuft uns der ganze Tag davon. Um Nano kümmern wir uns später. Er hat ja nichts angestellt."

„Abgesehen vom Computer", meinte Micro Minitec und beobachtete durch das kleine Bürofenster das blaugrüne Licht, das plötzlich den Zwischenraum des Riesenhamburgers ausleuchtete. „Wahrscheinlich ist er schon wieder zu Hause. Wir rufen nachher mal bei seinen Eltern an. Was sagen die Daten?"

„Sind alle im grünen Bereich", antwortete Dr. X. „Die Mikrotisierung ist in 35 Sekunden abgeschlossen. Es läuft mal wieder perfekt."

„Na klar, bei unserer Erfahrung!", freute sich Micro Minitec. „Und die Mikrotisierung eines Menschen, das schaffen wir auch noch."

„Bestimmt", meinte der Arzt und verfolgte den Schrumpfungsvorgang auf den Monitoren. „Fertig. Wir können Rappel jetzt in die Kapsel stecken."
Diese Aufgabe übernahm der Greifarm, der den nunmehr winzigen Hasen vorsichtig packte und zur Kapsel beförderte. Nach einem Knopfdruck auf die Fernbedienung öffnete sich die Frontscheibe der Kapsel und Rappel landete sanft auf dem kleinen Sitz. Umgehend schloss sich die Scheibe wieder. In diesem Augenblick öffnete Nano seine Augen, geweckt von dem surrenden Geräusch, und erblickte neben sich einen rosaroten Hasen.

„Ha!", rief er erschreckt. Der Hase war halb so groß
wie er selbst! „Wo kommst du denn her?"
Plötzlich wurden Nano und Rappel von automatischen
Sicherheitsgurten erfasst. Das Display erwachte zum
Leben und verschiedene leise elektronische Geräusche
waren zu hören.
„Wir starten!", hauchte Nano. „Wohin auch immer."
Die Kapsel bewegte sich. Er wurde durchgeschüttelt
wie noch nie in seinem Leben. Zum Glück hielten
ihn die Gurte fest. Vor der Scheibe erschien plötzlich
ein monströses Auge, das größer war als das Haus
seiner Eltern. Jedes noch so kleine Äderchen konnte er
erkennen. Schon bewegte sich die Kapsel wieder und
wanderte an einer riesengroßen Nase mit Löchern wie
Tropfsteinhöhlen vorbei zum Mund.
„Nein!", schrie Nano, doch schon rutschte die Kapsel an
riesigen Zähnen vorbei auf die Zunge. Dort lag sie nur
kurz, denn plötzlich begann sich der ganze Mund zu
bewegen. Die Zähne kamen der Kapsel gefährlich nahe.
Sie hatten es auf ein gewaltiges Stück Brot abgesehen,
gefolgt von riesigen Tomatenstücken, die auf der Kapsel
aufschlugen.
„Nicht zerbeißen!", schrie Nano, wurde aber nicht
gehört. Auf das Brot und die Tomaten folgte Wasser.

Von den Seiten her spritzte Speichel auf die Kapsel.
Nano kam sich vor wie in einer Autowaschanlage.
Zum Glück beleuchteten helle Scheinwerfer die
Umgebung. Langsam bewegte sich die Kapsel auf
das Gaumensegel zu, mit dem die Mundhöhle endete.
Hinter dem Gaumensegel begann der Rachen. Das
hatte Nano von einem Hals-Nasen-Ohren-Arzt gelernt,
der ihn mal wegen einer Entzündung im Mund
behandelt hatte. Am Gaumensegel wiederum hing das
Zäpfchen. Wenn der Rachen hier berührt wird, kann
das einen Brechreiz auslösen. Kurz konnte er über sich
das Zäpfchen schweben sehen, das wie ein riesiger
Tropfstein aussah. Was hinter dem Gaumensegel lag,
war nicht zu sehen. Unvermittelt knackte es über ihm.
„Na, Rappel, alles in Ordnung?" Das war Dr. X! Also
wurde er gerade von Micro Minitec verschluckt.
„Rappel geht es gut", antwortete er. „Und mir auch."
Dr. X machte ein Gesicht wie ein Karpfen. Und
Micro Minitec verschluckte sich vor Schreck. Nano

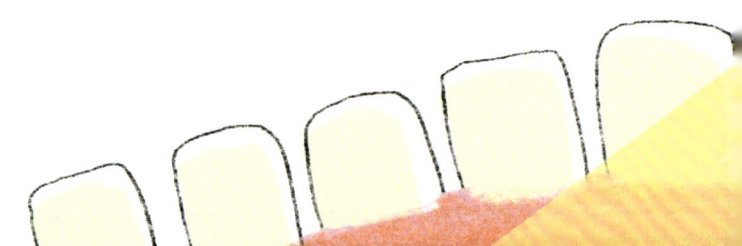

und Rappel stürzten die Speiseröhre hinunter. Glatte, rosarote Wände schossen an ihnen vorbei. Ebenso plötzlich wie der Sturz begonnen hatte, endete er auch. Sie schlugen irgendwo auf und steckten fest.

„Kinder!", hörte er Micro Minitec rufen. „Natürlich! Es sind die Hormone! Die Hormone der Erwachsenen verhindern, dass ich sie schrumpfen kann. Kindern fehlen diese Hormone. Fantastisch! Wir können doch Menschen schrumpfen!"

„Ja, das könnt ihr", sagte Nano. „Und wie geht es jetzt weiter?"

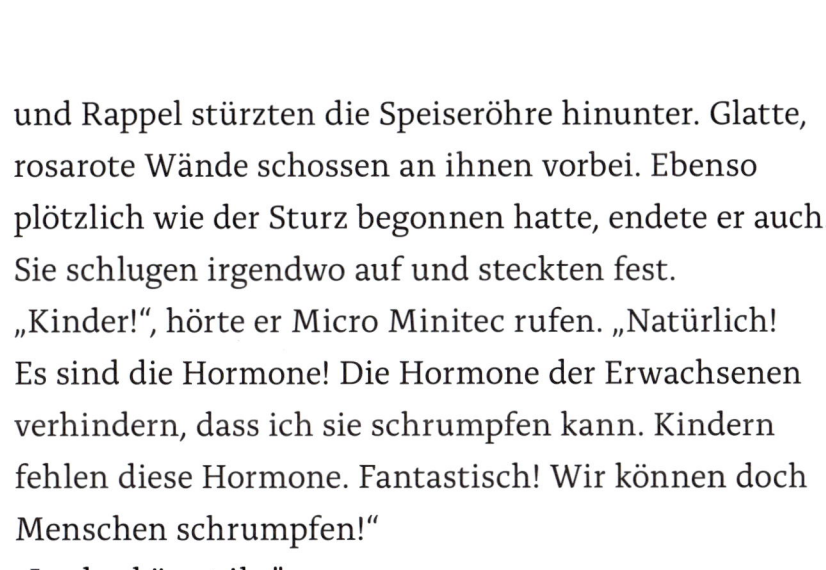

Wie es mit Nano und Rappel weitergeht, erfährst du in Band 2!

Die Reise geht weiter!

Band 2:
Achtung: Super-Säure!

ISBN 978-3-7886-4412-3

ISBN 978-3-7386-4411-6

Band 1: Die geheimnisvolle Villa

Nano und Rappel meistern auf ihrer Reise durch Micro Minitecs Körper rasante Slalomfahrten und begegnen gruseligen Monstern. Dabei erfahren sie Unglaubliches über den menschlichen Körper. Bis es am Blinddarm dann richtig gefährlich wird ...

Opa Sonntag fühlt sich gar nicht gut. Nano und Marie möchten ihm unbedingt helfen. Doch dazu müssen sie Opa erst mal aus den Fängen des rücksichtslosen Professors von Schlotter befreien. Und dann sind da auch noch diese fiesen Viren und jede Menge gefährliche Blutkörperchen.

Band 4:
Ein gefährlicher Auftrag

ISBN 978-3-7886-4414-7

ISBN 978-3-7886-4413-0

Band 3: Von Viren umzingelt

Nano und Marie merken schnell, dass der Nanobot in Opas Gehirn nichts Gutes im Sinn hat. Um ihren Opa zu retten, wagen die beiden eine riskante Laseroperation und begeben sich auf eine wilde Verfolgungsjagd durch Opas Körper. Werden sie den Nanobot stellen können?

Weitere Abenteuer folgen!

Prof. Dr. Dietrich Grönemeyer

Prof. Dr. Dietrich Grönemeyer ist eigentlich Arzt. Er hat aber auch schon viele Bücher geschrieben. Denn er erzählt gerne von all dem, was er über den Körper und die Heilung und Vorbeugung von Krankheiten weiß. Und wenn er mal mit Nano mitfahren könnte? Dann würde er bestimmt trotzdem ordentlich ins Staunen geraten.

© Stefan Nimmesgern – laif

Sabine Rothmund

© Sabine Rothmund

Sabine Rothmund hat schon als Kind gerne gezeichnet. Eigentlich immer und überall. Am liebsten in Schulhefte. Später hat sie ihre Leidenschaft zum Beruf gemacht und Kommunikationsdesign studiert. Jetzt freut sie sich, den kleinen Medicus zeichnen zu dürfen. Und Kannickel. Weil er genauso lustig hüpft wie ihr eigener Hund.